Siegbert Schwab
Gedanken zum Krieg
und anderen Übeln
2022

AF220022

Siegbert Schwab

Gedanken zum Krieg und anderen Übeln

Lyrische Texte für
befreundete Menschen

Neumünster 2022

Bibliografische Information der Deutschen Nationalbibliothek: Die
Deutsche Nationalbibliothek verzeichnet diese Publikation in der
Deutschen Nationalbibliografie; detaillierte bibliografische Daten
sind im Internet über dnb.dnb.de abrufbar.

© 2022 Siegbert Schwab
Satz und Gestaltung: Siegbert Schwab
Herstellung und Verlag: BoD – Books on Demand, Norderstedt

ISBN 9783756257553

Vorwort

Gedanken zum Krieg und anderen Übeln

Krieg, ein Übel, aber nicht vermeidbar, ähnlich einer Krankheit oder Epidemie, die die Menschen immer mal wieder heimsucht oder befällt. Ist das wirklich so?

Auch wenn im eigenen Land relativer Friede schon lange herrschte, finden sich rund um auf unserem Globus ständig sogenannte offene Konflikte, die als blutige Kriege ausgetragen werden. Bevor dieses Jahr die Kämpfe in der Ukraine durch den Einmarsch der russischen Truppen in den offenen Krieg mündeten, zählten verschiedenen Forschungsinstitute mindesten 25 weitere Kriege weltweit. Kriege die mitunter schon Jahre und Jahrzehnte andauern und deren konkretes Ende meist nicht in Sicht ist. An diesen Kriegen sind nicht nur die direkten Kriegsgegner (Staaten, Nationalitäten, Bevölkerungsgruppen, Bürgerkriegsparteien) beteiligt, es sind weitere Staaten, Staatenverbünde, Interessensgruppen und auch Wirtschaftsunternehmen verwickelt und mit eigenen Interessen darin involviert. Das sind beileibe nicht nur die Waffenproduzenten aller Art, sondern die Gesamte Zuliefer- und „dienstleistenden" sowie Serviceunternehmen vor, bei und nach den Kriegen. Wirtschaftszweige, die im Krieg besonders florieren.

Während sich die jeweiligen Kriegsgegner mühen, gegenseitig die Fratze des Bösen anzudichten, sei es zur Selbstrechtfertigung, zur Mobilisierung der eigenen Truppen und zum Schmieden von Koalitionen, finden sich trotz verwickelter Ausgangssituationen und komplexer Kriegsauslöser, nach näherer Betrachtung Interessen und Absichten, die mit den

Mitteln der Kriegsführung verfolgt werden. Es ist nicht mehr alleine das „Gute gegen das Böse", die Abwehr eines üblen Feindes oder gar aberwitzigen Irren, sondern es geht um die Abwägung und Einschätzung, inwieweit die eigenen Interessen tangiert oder verletzt werden, wo Interessen entdeckt und angemeldet werden und mit welchen Mitteln Bereitschaf besteht sie durchzusetzen oder zu verteidigen.

Friede den Hütten ... oder stell dir vor, keiner geht hin.

Nach den Erfahrungen des ersten und zweiten Weltkrieges schien sich zunächst die Perspektive zu eröffnen, den Krieg al Mittel der Politik grundsätzlich zu ächten (so zumindest der Tenor der Staaten, die sich den Weg der Gründung der UNO machten). Das hehre Ziel bleibt bis heute utopisch und wurde schon auf so vielen Altären der grausamen Realität geopfert. So wie Bertha von Suttners „Nieder mit den Waffen", Käthe Kollwitz' „Nie wieder Krieg" oder das „Make Love Not War" der Anti-Vietnam-Kriegs-AktivistInnen. Dennoch werden die se Worte gerade in Kriegszeiten immer wieder zu den Losungen der Kriegsgegner und der Friedensbewegungen, die sich nicht dem Diktat des scheinbar Unausweichlichen beugen mögen.

Und gerade diese wenden das Augenmerk auf das, was Georg Büchner vor fast 200 Jahren mit der Losung „Friede den Hütten, Krieg den Palästen" auf den Punkt brachte: In den Kriegen bluten, leiden und sterben eben nicht die Kriegsherren in ihren Palästen, sondern die Soldaten und die Mensche in den Ländern, die vom Krieg überzogen werden.

Das Recht sich einen von ihm selbst nicht erklärten Krieg zu entziehen, nahm sich Boris Vians „Deserteur" in den 50er Jahren gegenüber seinem Präsidenten heraus, genauso

vie viele reale Deserteure vor und nach ihm. Brechts „Stell
ir vor, es ist Krieg und keiner geht hin" zielt in die gleiche
Richtung. Doch eine solche Haltung ist bei den Herrschenden
icht erwünscht.

Umso wichtiger wird ihnen die „Meinungsmache", die „Pro-
aganda" und damit auch die kurzschlüssige Begründung der
olitischen Maßnahmen und des Kriegs. Eine Linie, der sich
uch heute unsere Massenmedien „in aller Verantwortung
or den Notwendigkeiten" nur zu gerne beugen. Die be-
annten Opferreden, in denen Herrschende vom Volk „Blut,
chweiß und Tränen" fordern und auf den Krieg und seine
Unausweichlichkeit setzen, werden gerne gezeigt, zitiert und
edruckt.

ür den Krieg wappnen, um den Frieden zu sichern

ich für den Krieg wappnen, um den Frieden durch Ab-
chreckung zu sichern, schuf zwar immer wieder genügend
Nach- und Aufrüstungspotentiale und damit Nachfragebedarf
er Staaten in den Rüstungsfabriken, verschärfte aber eher
ie politischen und sozialen Ungleichheiten weltweit und
uch in den jeweiligen Ländern selber. Das wurde auch von
er bisher größten Friedensbewegung in Deutschland mit
ıren mehrfachen Großdemonstrationen (bis zu 400.000
Menschen) gegen den sogenannten NATO-Doppelbeschluss
rkannt. Weiteres Aufrüsten, um dadurch den Gegner in eine
erhandlungssituation zu zwingen, berge eben die Gefahr des
Totrüstens" und führe geradewegs zu mehr Unsicherheit und
vieder zum Krieg. Deshalb weg mit den neuen Raketen, dafür
erhandlungen und Gespräche mit dem Ziel des friedlichen
Miteinanders und geordneter Beziehungen in einer Frie-
ensordnung in Europa. Abrüsten statt aufrüsten, „Schwerter

zu Pflugscharen" wurde dann auch ein Motto der Friedens-
bewegung in der DDR in 8oer Jahren.

Das wurde danach auch eine Messlatte für die Politik in West
und Osteuropa. „Wandel durch Annäherung" war der Slogan
für Ausgleich und respektvollen Umgang der europäischen
Staaten in Ost und West; die weise Einsicht, dass miteinander
reden, verhandeln und geregelte Beziehungen mehr als klein-
karierte Egoismen, Feindbilder und waffenstrotzende Überheb-
lichkeit nachhaltigen Frieden bringen könnten.

Krieg den Palästen – die soziale Frage

Georg Büchners Friedenserklärung an die „Hütten" war
der Aufruf zur Solidarität und zum Widerstand – gegen die
damals als parasitär und als menschenverachtend erkannte
Ordnung der Aristokraten, Fürsten und Könige.
Auch heute bleibt am Ende die soziale Frage: Wer blutet und
zahlt für einen Krieg und wer hat das Kommando und wer
profitiert?

Pazifismus und Solidarität zwischen den Menschen und
Völkern sind nach wie vor Grundnotwendigkeiten, um soziale
Gerechtigkeit, Bildung, politische Gleichheit und Freiheit
sicherzustellen und wesentliche Grundprobleme wie Umwelt-
zerstörung und Klimawandel anzugehen. Wenn einmal die
Logik und die Gesetzmäßigkeiten des Krieges unausweichlich
werden, hat das andere keinen Platz.

So scheint mir es doch sinnvoller, den „Kriegsherren" und
„-damen" beiderseits der „Fronten" äußerst kritisch zu begeg-
nen, denn in den jeweiligen Schützengräben hilflos keinen
Ausweg mehr zu finden!

Ich habe bereits vor der „Pandemiekrise" und im Besonderen in den letzten Monaten lyrische Texte und Gedichte geschrieben, in denen ich mich mit den Umständen und den Wahrnehmungen der aktuellen Krisenzeit auseinandersetze. In diesem Band habe ich einen Teil davon zusammengetragen.

Ich freue mich, dass meine Texte und Gedanken durch die kalgraphischen Zeichnungen Jürgen Fieges eine ausdrucksstarke bildnerische Kommentierung gefunden haben.

Siegbert Schwab, August 2022

Jürgen Fiege: Das Bild des Bösen

Das Bild des Bösen

Ich kenne keine Solidarität mit einem Staat
Und lieben kann ich kein ganzes Land
Meine Liebe ist für einen Menschen
Mit Menschen kann ich solidarisch mich verbinden
Und respektvoll Wege in die Zukunft finden
Ein Vaterland bekommt nicht meine Liebe
Ich schwelge nicht in nationalem Hochgefühl
Ich verehre nicht die Führer obendran.

Soldaten geb' ich nicht den Heldentitel
Unheroisch ist Marschieren, Töten, Sterben
Im Dreck und Blute schmerzvoll, hilflos liegen
Hoffend, dass den Feind, nicht sie der Teufel holt
Ihr Leid bringt mich zum Leiden
Darum macht aus ihnen keine Helden
Als hätte für Volk und Vaterland zu sterben
Einen höh'ren Sinn und einen guten Zweck.

Ich verachte alles Handeln, das zu Kriegen führt
Ich misstraue jedem, der mit Kriegen kalkuliert
Ich glaube nicht, dass man durch Krieg den Frieden bringt
Fürchte nur, dass wenn Ängste den Verstand regieren
Menschen dort auf Heil und Rettung hoffen
Wo ein Bild des Bösen für den Kriegszweck dient
Den Blick und das Gefühl für Menschen man verliert
Und selber Werkzeug in der Werkstatt dieser Kriege wird.
22/02

Gut, dass es solche Feinde heut noch gibt

Wie eint ein klares Feindbild doch die vielen Menschen
Gut, dass es solche Feinde heut noch gibt
Wir lernen nun geeint uns zu verbinden
In eine Richtung unser Denken jetzt zu lenken
Der wirklich Böse schafft es stets
Uns als den Verein der Besseren zu sehn
Überheblich ist das wirklich nicht!

Gut ist es für die Guten, dass zum Schlechten
Nun kein Ausweg weiter bleibt
Alternativlos überheblich - realistisch eben
Eigene Fehler generös man sich verzeiht
Und sich im Kampf gegen das reale Böse
Dessen Opfer man doch deutlich sieht
Und um die man redlich sich bemüht
Dennoch wieder in die Falle rennt
Indem man dieses Böse mit der Kraft
Der eigenen Überheblichkeit bekämpft.

22/02

„Gleichgewicht des Schreckens"

Das Gespenst der „kommunistischen Mächte"
Der Geist des „freien demokratischen Westens"
Die Hoffnung auf ein klar geordnetes Bild der Welt
Die Freunde und Feinde sortiert, wie es einem gefällt.

Ein Ausweg erneut in die finstere Gasse
In der die Angst die Richtung diktiert
Eine Ordnung, in der Gespenster regieren
Die Geister im Hintergrund agieren.

Blickt doch noch oben und so erkennt
Wer die Welt steuert, wer die Menschen trennt
Welcher Geist die Menschen hindert
Welche Macht keine Grenzen kennt.

Fragt doch, wie ehemals und immer bei Kriegen
Wer beim Geschäft mit den Waffen gewinnt
Fragt doch, wer auch im Frieden
Immer an der Armut gut verdient.

Fragt doch, welcher Geist uns treibt
Unsre Umwelt weiter zu zerstören
Fragt doch, wer stellt die Mittel nicht bereit
Unsre Welt vom Elend zu erlösen.

Könnte sein, es führte zur Erkenntnis
Mehr Gemeinsinn käme doch ganz Recht
Entschieden Menschen mit freiem Blick auf Menschen
Bekäm's dem Planeten gar nicht schlecht.

Vielleicht ein Kommunismus, nicht Gespenst sondern Geis'
Der in Demokratie und Freiheit eine Richtung zeigt
Und die Menschen nicht in Blöcke sperrt
Den Geist vernebelt und die Sicht verzerrt.
22/02

Von Hütten und Palästen...

„Friede den Hütten, Krieg den Palästen"
Die Parole des „Hessischen Landboten"
Georg Büchners Losung des Widerstands
Die Flugschrift rechnete vor, zeigte auf
Wer verdiente an der Armut der Vielen
Wer verschuldete den Hunger der Armen
Der Jakobiner Büchner rief zum Handeln auf.

Krieg den Hütten, angezettelt in Palästen
Das ist, was jeder sieht und kennt
Die Herren des Kriegs in Regierungspalästen
Lassen marschieren, bombardieren, töten
Genau jene schon übern Löffel balbierten
Die Menschen aus den Hütten bekämpfen als Feinde
Die Menschen aus den Hütten, die doch wären
ihre Freunde.

Krieg, das Futter für die Schreiber der Journaille
Frieden, kein guter, brauchbarer Stoff
Bilder großen Grauens dienen zu Geschichten
Erzählt den Menschen in den Hütten Tag für Tag
Von eifrig vorauseilenden Boten und Bütteln
Der Herren in den Palästen
Friedhofsruhe bleibt als Hoffnung noch.

Friede den Hütten
Solidarität als Liebe der Völker, Krieg den Palästen
Den Wasserträgern der Wirtschaftsmächtigen
Die keine Grenzen kennen
Missbrauchend die Nation als Brutkasten
Für Hass, Fanatismus, Kleinhirnmentalität.

Europa als Göttin des Friedens
Reitet den blitzeschleudernden Stier
Macht sich selbst zu Teufels Beute
Wenn es folgt in Vasallentreue
Gekränkten und machtgeilen Herrschern
Wie damals im Trojanischen Krieg
Zum Schlachten in dem keiner siegt.

22/03

Jürgen Fiege: Von Hütten & Palästen

Klopapier mit Duft wird knapp

Auch das Klopapier mit Duft geht schon wieder mal zu Ende
Und der Frieden unsrer Welt am Seidenfaden scheint zu hängen
Dosenwürstchen neben Mehlpaketen Küchenschränke füllen
Furcht und Angst erneut den klaren Blick verhüllen.

Mit dem Preis für das Benzin auch die Sorgen weiter steigen
Und wieder mal wird allgemeine Solidarität verordnet
Die von jenen Schweiß und Blut und Tränen fordert
Denen nur der Blicke von da unten auf die mit der
Macht da oben bleiben.

Kein feiner Duft mehr aus Papier an stillen Orten
Dafür Parolen und Geschichten mit bildhaft hinterlegten Worter
Süße Liebe zur Nation soll umfassend uns erwecken
Heroen, neue Führer zeigen uns den Weg an allen Ecken.

Damit systemkonform das Handeln in der Menge bleibt
Der Groll sich keinesfalls auf eigne Führer richtet
Wird den anderen die böse Feindschaft angedichtet
Alles Denken auf den Feind gerichtet,
nicht die eig'ne Ordnung hintertreibt.

Vom Duft der Freiheit bleibt ein schwacher Wind
Zögern beim Versuch doch schon, von fremder Leitung
unser Denken zu befrein
Leichter scheint es in der großen Masse stets konform zu sein
Wir schauen stets bevor wir handeln, wo die Grenzen sind.

Der Rosenduft im stillen Örtchen ist nicht wirklich von Bestand
In der Natur bleibt nach den Gewittern die gereinigt klare Luft
Nach dem Kriegsgedonner bleibt
Zerstörung, Wunden, toter Moderduft
Wozu auch dieser Duft im Klopapier, wenn wir in Scheiße
stinkend stecken bis zum Rand.
2/03

Billig

Billig ist es, wenn man hat zu geben
Billig ist es, wenn man frei ist frei zu sein
Schwer wird's, für die Freiheit einzustehen
Dass die Freiheit auch für alle bleibt
Schwer wird's, jenen auch die Kraft zu geben
Für die's zum Reichtum und zur Freiheit nicht mehr reicht

Billig ist es, wie gewohnt zu handeln
Dass dein Tun dem alten Bild entspricht
Billig ist es, das zu tun was erwartet wird
Schwer wird's, geht es Menschen an den Kragen
Schwer wird's, dieses Unrecht zu ertragen
Mut erforderts, wenn du gegen Unrecht kämpfen musst.

Billig ist es, leidend Unrecht zu ertragen
Billig ist es, über Unrecht laut zu klagen
Schwer wird's, Unrecht erst mal klar zu sehen
Schwer wird's, gegen Unrecht einzustehen
Mut erfordert's, wenn eine Unrechtsordnung zu bekämpfe
ist.

Billig ist es, über alle Welt zu schimpfen
Billig ist es, am Alten nur zu hängen
Schwer ist's, ein System zu hinterfrage
Schwer ist's, auf Veränderung zu drängen
Mut erfordert's, wenn für eine bessre Welt zu kämpfen ist.
22/03

Drum prüfe...

Sollte man nicht prüfen
Bevor man eine Meinung teilt
Ist es auch die eigene Meinung
Die du dir zu eigen machtest
Die du begründen kannst
Weil du sie durchdachtest.

Einfach meinen, was man meint
Und man meinen könnte, sollte...
Ist eine schwache Stütze
Wird unfundiertes Meinen kreditiert
Gehandelt wie ein fauler Wechsel
Glaubt man, spielt man, hofft – man spekuliert.

Wird das Meinen angezeigt als Meinung
Modisch präsentiert und ausgetauscht
Als Handelsgut auf freien Meinungsmarkt
Wenn der Trend den Marktwert generiert
Zählt nicht mehr der Reingehalt
Auf den Markterfolg wird spekuliert.

Freiheit seiner Meinung jeder postuliert
Diese aber gerade dem negiert
Der konkurrierend zum gefühlten Monopol
Seine Meinung gegenüberstellt
Hier endet der Respekt (und auch der Intellekt?)
Die fremde Meinung wird vom Kettenhund
Stets ausgebellt.

22/03

Der Globus

Er drehte seinen Globus
Auf der bunten Oberfläche
Macht er fünfundzwanzig Kriege fest
Er drehte seinen Globus
Blickt nun auf die Grenzen
Seines Lands, in dem er lebt
Den Globus dreht er kaum weiter
Er kann den nahen Ort betrachten
Den Soldaten nun zum Kampfplatz machten
Der nicht weit vor seiner Türe liegt.

Er schließt die Augen vor dem Globus
Hinter den geschlossenen Lidern
Sieht er auf die Welt
Addiert zu den alten diesen neuen Krieg
Und weitere große Übel
Werden projiziert in diesem Film
Zerbrechlich ist die Atmosphäre
Die den Globus
Gleich seinen Hände noch umschmiegt
Was wird aus den großen Meeren
Zwischen deren tiefem Blau
Die zerwühlte Erde
Unsrer Kontinente liegt?

Zerbrechlich das System
Das diesen Globus ganz umfasst
Kann er doch erahnen
Dass jede weitere Krise
Es weiter noch zerbrechlich macht
Jeder weitre Krieg und jede weitere Last
Die globale Ordnung an den Rand
Des Scheiterns bringt.

Sinnierend hält er seinen Globus sanft in Händen
Fragt sich still im Innern
Ob's der Menschheit doch gelänge
Gemeinsam einen Weg zu finden
Fernab von Eigennutz, der eitel überwachten Zwänge
Statt uns immer weiter
In den Schlamm und Dreck zu winden.

22/03

Beschränke dich

Algorithmen - Kurzdenker - Dogmatiker –
Engstirnige -
Kleingeister - Schachteldenker ...
Üben die Zensur
Besser noch ist nur
Die Selbstzensur.

Beschränke dich auf das
Was nicht aneckt
Beschränke dich auf das
Was ist opportun.

Doch auch hier
Walte noch die Vorsicht!
Ein aus der Syntax losgelöstes Wort
Reicht für die Guten oben Erstgenannten
Sowie des Betreibers Richter schon
Zu ermahnen
Um zu drohn
Um zu sperren
Zu entfernen.

So kommt man zum klaren Schluss
Dass man manchen starken Tobak
Nicht weiterhin zerkauen
Doch in der eignen Pfeife rauchen muss.

22/03

Jürgen Fiege: Beschränke dich

Es brennt

Es brennt, ja es brennt
Das Jahr, es findet bald sein End'
Werden wieder sonntags neue Lichter zünden
Hoffend durch die dunkle Zeit zu finden
Nichts scheint einfach, nichts scheint leicht
Die Angst nicht von der Seele weicht
Trennt die Menschen, spaltet sie in Geister
Sehn im anderen den Hexenmeister
Gespenstisch, schemenhaft ist die Gefahr
Groß gemalt und leuchtend an der Wand
Greifbar kaum und doch allen scheint's gewahr
Und keiner weiß, wie man sie wirklich bannt.

Es brennt, ja es brennt
Und das Zündeln kennt kein End'
Im allgemeinen Jagen nach den bösen Feinden
In dem sich alle Pflichtbewussten einten
Manchen Bock man nebenbei erlegt
Weil er der Jagd im Wege steht.
Pharisäer feiern ihre eignen Schriftgelehrten
Vor dem Tempel finden sich die Ausgesperrten
Sie werden nun zum Ziel der Jagd
Da draußen werden sie erkannt
Nach ihren Gründen keiner fragt
Wer draußen ist, den trifft der Bann.

Es brennt, ja es brennt
Dennoch ist es dunkel jetzt zum Jahresend'
Es wären helle Lichter anzuzünden
Die von schönen, bessren Zeiten künden
Bis dahin ist es aber endlos weit
Man droht und drückt und speit
Überzieht mit Acht die Außenseiter
Drängt sie in's Abseits immer weiter
Grauer Nebel trübt den klaren Blick
Verschwommen sieht der Mensch sein Ziel
Enthebt sich selber maßlos der Kritik
Wenn es brennt, nützt auch die Ignoranz nicht viel.

21/12

Verlautbarmachung

Gestern hab ich ferngesehn
Da hat Lauterbach gesagt
Alle über sechzig sollen
Nochmal impfen gehen
So hat er sich's gedacht.

Ich weiß ja nicht
Ob das richtig ist
Ob das wirklich etwas bringt
Wenn er's so verlautbart hat
Hat es sicher seinen Grund.

Meine Ärzte meinen
Schaden könne das doch nicht
Doch vor Kranksein schützt es nicht
Es hindere vermutet man
Dass die Krankheit schwer verläuft.

Also lieber weiter impfen
Die Dosen stehn bereit
Wissen zwar noch immer nicht
Wie man das Virus hindern kann
Hoffnung geben wir nicht auf.

Ich hoff' auf den Minister
Dass er das regeln kann
Mag in seiner Haut nicht stecken
Mag auch selber nicht verrecken
Hoffe auf die Impfung – gegen Angst.

22/07

Man sagt, es sei gefährlich...

Man sagt
Es sei gefährlich
Nicht zu glauben
Man sagt
Es sei gefährlich
Zweifel zu haben
Man sagt
Man sieht doch
Wo das hinführt
Man sagt
Es sei gefährlich
Den richtigen Pfad
Zu verlassen
Man sagt dir
Glaube an Gott
Man sagt dir
Glaube an die Wissenschaft
Man sagt dir
Gehe den richtigen Weg
Man sagt
Glaube, tue und mache
Was man dir sagt
Man weiß
Den richtigen Weg
Für dich
Und was ist mit dir?
Und was fühlst du?
Und was denkst du?
(bemerkt Siegbert Schwab, 22/01)

Weide im Wind (eigenes Foto)

Wetterwendisch

Wie er sich plustert, der kleine Specht
Hüpft von Ast zu Ast, klopft an jeden hohlen Baum
Wendig wiegt er seinen Kopf nach rechts und links
Wo's passt, da fliegt er hin.

Graubraun gut getarnter Rücken
gelblich blass gesprenkelt ist der Bauch
Ruckt sein Kopf und wippt sein Schwanz
Er ist bereit zu jedem Tanz
Einmal fest verbunden mit der Nahrung und dem Ast
bald wo anders, wenn's DORT passt.

Wenn's ein Tier, dann ist die Haltung klar
geht's ums Überleben, dann passt dies Wesen wunderbar
Wenn's ein Mensch, dann ist zu überlegen
Was auf dem Hals so wacklig wetterwendisch thront
Ein hohler Windsack oder prall gefülltes Vakuum.
16/07

Aussicht im Meer

Kleiner Fisch im weiten Meer
Er schwimmt dem Großen hinterher.
Wär der Kleine ganz allein,
Wie wäre es ihm bange!
Suchte dann im Wasser lange
Bis er findet einen Freund.

Wenn der Kleine nun
Hinter diesem Großen schwimmt,
Ist es wirklich gut
und ganz bestimmt,
Dass ihn der Große Fisch nicht frisst
Zwar ist die Aussicht nicht so schön
Dennoch kann er sicher gehen,
Es hinterm, statt vor dem Maul, schon besser ist.

20/06

Ich mag nicht mehr

„Ich mag nicht mehr darüber Reden,
meine Meinung, die steht fest."
Ich hab darüber nachgedacht
Von diesem Standpunkt aus
Auch meinen Kurs gesetzt.

Ich bin der Skipper
Der weiß und sagt wohin es geht
Wer nicht auf mein Geheiß
Die Segel setzt und refft
Der wird kielgeholt, wird festgesetzt.

Verdammich doch
Ich sag, ich zeige schon
Wen und was ich mag und nicht
Ich sag's dir offen ins Gesicht
Du weißt dann klar Bescheid
Mehr brauch und will ich nicht!
AHOI!

21/12

Für Gott und die Welt

„Es gibt nur einen Gott", sagt er
Der andre pflicht' ihm bei
Nur, dass es der seine sei
Nun wird es wirklich schwer
Welcher mag es sein
Der wahre Gott allein
Wenn für beide - es nur den einen gibt.

Welche Argumente wiegen?
Wenn entscheidet, was der Glaube sagt?
Man nur Gottes Wege, nicht mehr eig'ne Wege wagt
Kann der Grund nun darin liegen
Dass die Menschen ihre Schwerter heben
Von Gottes Priestern in die Hand gegeben
Weil für sie - es nur den einen gibt.

Kein Gott wird deine Schwerter segnen
Das können nur die Priester tun
Dann überhäuft man dich mit Ruhm.
Du kämpfst doch nur der Menschen wegen
Nicht für Gott, es ist für keine bess're Welt
Für Menschen tötest du und ihr Geld
Weil für dich - es nur das eine gibt.

Begründet nicht mit Gott den Krieg
Für Menschen macht ihr diesen Dreck!
Die Uniformen schmeißt ihr nicht weg
Bis einer auf der Fresse liegt – besiegt
Nicht aufgeklärt und mit Verstand
So handelt dann ein ganzes Land
Damit es – nur noch das eine gibt.
20/06

Der Biedermann und die Milieugesellen

Den Biedermann und die Milieugesellen
Findet man an vielen Stellen
Stets achtend, dass keiner ihre Kreise stört
Das wär doch wirklich unerhört
Sie hätten's gern so klein und fein
Sie möchten Hand in Hand marschieren
Sie meiden stets die Streiterein
Denn stritten sie, ging's an die Nier'n.

Dem Biedermann und den Milieugesellen
Darf keiner deren Welt in Frage stellen
Den bekämpfen sie mit festem Willen
Würden ihn am liebsten Grillen
Weil sie doch des Friedhofs Ruhe lieben
Sie beten dort an ihre Götzen
Die Andern werden streng vertrieben
Sie wollen nicht auf neue Karten setzen.

Den Biedermann und die Milieugesellen
Darfst du auf keinem Fall verprellen
Durch eignes Tun, mit frechen Sätzen
Die ihre dünne Haut verletzen
Sie empören sich und sie hetzen
So über jene, die sie gar nicht mögen
Die nicht geh'n auf ihren Wegen
Wird doch das traute Nest verletzt.

Der Biedermann und die Milieugesellen
Sich doch immer gern zusammen stellen
Befolgt gesetzte Regeln, stellt nichts in Frage
Sich ändern will man nie, zu keinem Tage
In vertrauter Einheit pflegt man Unkultur
Im Verein, der Partei und der Arbeitsstelle
Hohle Muster, eingeübte Zeitvertreibe
Und hält sich sets die Kritiker vom Leibe.

20/10

Nach der Idee von Georges Brassens' „La mauvaise réputation"

Jürgen Fiege: Die Welt der Politik

Die Welt der Politik

Die Welt der Politik, sie ist uns fremd
Was uns bewegt, ist eine andre Welt
Verstehen nicht, was man draus lernt
Wir stehen nebenan und seh'n nicht ein
Welch Interesse sollte da denn sein
Das System ist weit von uns entfernt
Da wollen wir bestimmt nicht sein.

Demokratie ist nur ein Zettel
Den wir alle in die Urne stecken
Es wird gewählt, gezählt und delegiert
Wir mischen uns nicht weiter ein
Als Experten macht ihr alles fein
Wir schauen zu, was dann passiert.
Hoffend, ihr brockt uns nichts Schlimmes ein.

Was mit der Welt im Ganzen so geschieht
Durchschau'n wir nicht , ist viel zu kompliziert
Aus Geschichte kennen wir Geschichten
Zu gewichten, was wirklich wichtig wär
Belastet unser Leben doch zu sehr
Lasst es die da Oben für uns richten
Lasst das Leben leicht, macht es uns nicht schwer.

Global sei diese Welt, wird uns erzählt
Wir nehmen's, wenn auch nicht selbst gewählt
Es lohnt sich nicht, so viel zu fragen
Wie es war und nun geworden ist
Sag' nur, was ist gut und was ist Mist
An uns allein haben wir schon schwer zu tragen
Unser aller Traum - dass uns die Prinzessin küsst.
20/06

Das rosarote Leben

Das rosarote Leben
Gib es nicht auf soeben
Behalt bei dir, was zählt
Dein Leben, die Liebe und dein Geld.

In Ordnung ist sehr wenig auf der Welt
Krieg, Terror, Ungerechtigkeit und Leid
Du siehst es offen weit und breit
Nicht so, dass dir das gefällt
Was zu ändern wär, ist klar
Das geht nicht, so sagt man dir
Sorg für dich und bleib bei dir.
Weil es immer schon so war.

Das rosarote Leben
Gib es nicht auf soeben
Behalt bei dir, was zählt
Dein Leben, die Liebe und dein Geld.

Such dir deine Ecke, für dich gemacht
Deine Freiheit ist für dich
Für die Andren gilt das nicht
Widerstehen sei nicht angebracht
Du lebst dein Leben frank und frei
Andere sperrt man dafür in den Knast
Solange du dein Leben hast
Sei das dir doch bitte einerlei.

Das rosarote Leben
Gib es nicht auf soeben
Behalt bei dir, was zählt
Dein Leben, die Liebe und dein Geld.

Meine nur, du seist nicht gelenkt
Man sagt doch, was dir zusteht
Wenn's um diese Ordnung geht
Denk nur weiter, was man denkt
Nichts ändern, alles bleibt wie's ist
Deine Freiheit, soll nur deine sein.
Jeder sorgt für sich allein
Bleibt bei dir, sei selbstverliebt.

Das rosarote Leben
Gib es nicht auf soeben
Behalt bei dir, was zählt
Dein Leben, die Liebe und dein Geld.

Deine Unfreiheit, sie ist im Kopf
Für viele bestimmt sie das Leben
Darum kämpfen sie dann eben!
Du kratzst dich dann am Schopf.
Denn sie greifen in vertraute Ruhe ein
Beginnst nun mit der Welt zu hadern
Weil sie dein schönes Haus belagern
Wie können die so garstig sein!

Das rosarote Leben
Gib es nicht auf soeben
Behalt bei dir, was zählt
Dein Leben, die Liebe und dein Geld.

Von der buntebemalten Warte aus
Ist es logisch und nur konsequent
Man vielen Freiheit nicht vergönnt.
Bedroht fühlst du dein Haus.
Sie nehmen gar für sich das Recht
Über die eignen Schätze zu verfügen,
Dann könnten wir nicht weiter lügen
Unser Weltbild rückten sie zurecht.

Das rosarote Leben
werden sie sich nehmen
Bleiben wird was zählt
das Leben, die Liebe, eine bessre Welt.
19/07

Immigranten

Schwimmend durch das Wasser
Treffen sie bei Nacht und Nebel ein
Von drüben haben sie die Flucht ergriffen,
Machen sich ihr Leben an neuen Ufern fein
Kein Zaun zu hoch, kein Garten ist mehr sicher
Suchen sich die Nahrung, wo es ihnen schmeckt
Kartoffeln, Möhren, Beeren haben sie entdeckt.

Sie fanden hier ihr neues Paradies.
Bis man laut, nach dem Jäger rief
Schwarzkittel mag man nicht in seinem Garten
Den hätte man doch selber gern genützt
Wenn schon, dann als Braten
Fein gebraten nach Geschmack gewürzt
Dazu dann das eigene Gemüs.

Drohend steht vorm Gasthaus dieses Schild
„Wildschweinbraten gibt's bei uns als Wild"
Wir sind doch nicht im Paradies
Wo jeder alles gratis kriegt.

Nun – wirklich dicht ist keine Grenze.
Schlupflöcher gibt es allemal
Zäune , tiefe Wasser sind zwar eine Bremse
Durch und drüber kommt ein jeder mal
Die Welt schiebt, drückt, zieht die Wesen,
Sie verändert sich und die auf ihr Leben
Fest geordnet, immer gleich ist uns nicht gegeben.
Wir sind doch nicht im Paradies
Wo vor dem Apfelbiss, sich nichts verändern lies.

19/07

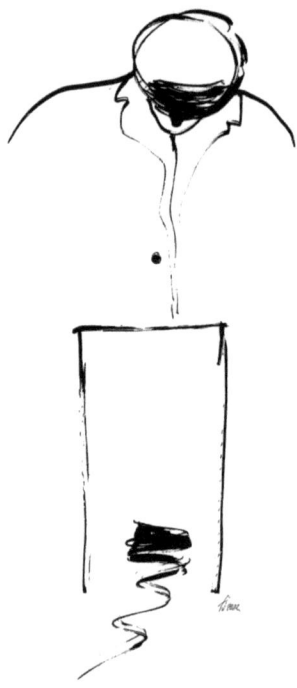

Jürgen Fiege: Armer Rutebeuf

Armer Rutebeuf

Wo sind meine Freunde hin?
Tief ist ihre Nähe in mir drin
Ich habe sie geliebt
Die Zeit hat sie ausgesiebt
Wegetragen wurden sie vom Wind.
Tot ist jetzt die Liebe
Hinweg der Wind die Freunde fegt
Wenn er vor den Türen weht
Er nahm sie alle mit.

Bei Zeit der Baum wird sterben
Wenn sich die Blätter färben
Wie nicht zu Grunde geh'n?
Wie ist diese Armut nun durchsteh'n
Wie diese Kämpfe noch besteh'n?
Wenn der Winter hart anbricht
Glaube nicht, was man erzählt
Ich blamierte mich vor der Welt
So ist es nicht!

Wo sind meine Freunde hin?
Tief ist ihre Nähe in mir drin
Habe sie geliebt
Die Zeit hat sie ausgesiebt
Wegetragen wurden sie vom Wind.
Tot ist jetzt die Liebe
Das Übel kam nicht von allein
Alles, was mir noch fällt ein:
Es ist gescheh'n.

Schlecht zu Denken dir verwehre
Gott, er gab dem König Ehre
Die mag're Rente er uns lässt
Der Wind den Hintern kalt umbläst
Entführen wird mich auch der Wind
Tot ist jetzt die Liebe
Hinweg der Wind die Freunde fegte
Als er vor den Türen wehte
Er nahm sie alle mit.
Ich hoffe auf letzten Morgen und freue mich auf ihn.

Nach Leo Ferré – Pauvre Rutebeuf
(Übertragung Siegbert Schwab 20/04)

Es ist kalt

Der Winter hartes Pflaster weißt.
Die Zeit die Jugend nahm zur Beute.
Der Kuss in süße Hände beißt;
Der Hass verweht dir deine Freude.

Schnee bedeckt den dunklen Graben.
Licht nur fahl darüber schimmert.
Schließ die Türe vor den Raben!
Schließ die Fenster vor dem Himmel!

Dein Herz, es bleibe weiter offen!
Dein Herz, es ist die heil'ge Pforte.
Verdeckt auch Nebel uns die Sonne;
Hindurch gelangen Trostes Worte.

Das Glück bezweifelt, gift'ge Saat;
Menschen sich dem Neid ergeben.
Zweifeln tief an Priestern, Staat.
Glaub an tiefe Liebe - Leben!

Glaub an Liebe, immer ganz!
Liebe leuchtet aus der Ferne.
Liebe, wie im Feuertanz!
Liebe unterm Licht der Sterne!

Liebe und verzweifele nicht.
Deine Seele hält den Schatz.
Wo man tröstend Sätze spricht,
Alles findet seinem Platz.

Freundschaft ohne Langeweile,
Selbst mit dir im Frieden stehe,
Nachsicht für die andren teile,
Schwamm über alte Fehler.

Die Gedanken halte fest,
Lass nichts fallen. nichts zurück.
Brenn der Liebe helles Licht.
Lass erleuchten unser Glück.

Dem Dämon bittrer Feindschaft
Entbiete deine heitre Süße.
Die Gnade zieht aus dem die Kraft,
Was Hass dir warf vor deine Füße.

Hass ist deines Herzens Winter.
Mitleid zeige, sei ganz unverzagt.
Behalte bei dein Siegerlächeln;
Aus dem Sturm der Regenbogen ragt.

Bewahre immer deine Liebe.
Auch im Winter leuchtet jeder Stern.
Kein Gott entfernt ihn je vom Himmel;
Halte nichts von deiner Seele fern.

(20/11 Siegbert Schwab aus dem Französischen nach
Victor Hugo: Il fait froid)

*(*) 3. Version - So ein Text entwickelt sich. Er springt einen an, lässt
einen nicht mehr los. Man liest und findet sich rein. Entdeckt die „un
runden" Stellen, feilt an Wörtern und Rhythmus; meint, dass könnt
doch besser sein!*

Nackter Fels (eigenes Foto)

Ich verzieh mich

Ich verzieh mich auf die Wolken
Und richte mich dort oben ein
Häufe'die Wölkchen für mein Lager
Leg mich weich in es hinein
Überkreuze meine Beine
Leg den Kopf in meine Hände
Und pfeife mir ein Liedchen
Ganz für mich allein.

Soll es da unten
So gehässig und so kriegerisch
So misstrauend und betrügerisch
So boshaft und so lügnerisch
Doch weiter sein.

Ich verzieh mich auf die Wolke
Fühle mich dort mit mir eins
Ich will nicht hilflos nur Erfolge
Geld braucht ich dort auch keins
Mein Lachen kost ich aus
Mein Zwerchfell spüre ich vibrieren
In meinen Adern strömt das Glück
Ganz für mich allein.

Soll es da unten
So betriebsam und so hektisch
Immer wühlend und so raffend
Neidsam einander stets begaffend
Doch weiter sein.

Ich liege ruhig auf der Wolke
Es bewegt mich wiegend langsam
Unter mir der sanfte Wind
Die Wolke trägt mich sehr sorgsam
Vielleicht stößt sie zusammen
Mit einer andren weichen Wolke
Auf der sich eine Seele findet
Zum glücklich sein.

22/07

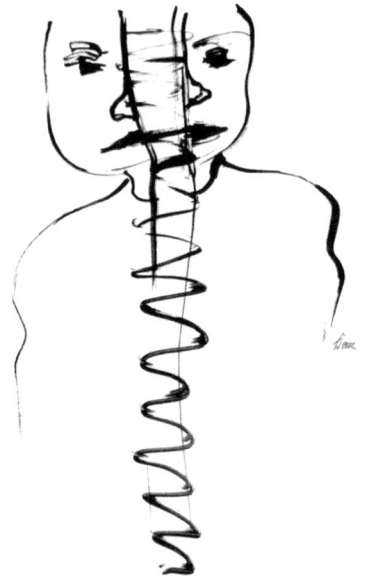

Jürgen Fiege: Was uns eint

Was uns einst einte

Was uns eint, das ist die Gegnerschaft
Wie einst von uns deutlich wurd' erkannt
Zum System, das stets nur Geld für Reiche rafft
Und drängt das Gemeinwohl an den Rand.

Statt Lasten für die Armen, Steuern für die Reichen
Der Ökologie den Vorrang vor der Wirtschafft geben
An jedem Ort sich solidarisch zeigen
So sich engagieren für ein besseres Leben.

Was uns heute trennt, das ist die Gegnerschafft
Zu dem, der nicht eigne Ängste teilt
So hat, was sonst kein Gegner schafft
Der Kleinmut die Bewegung fest verkeilt.

Die Gegner findet man in eignen Reihen
Bekämpft sie mit der Verve nun
Die man wollt dem Kampf doch leihen
Gegen das System, das ohne Skrupel weitermacht
in seinem Tun.

Man lässt sich weiter spalten,
Man spaltet weiter selber sich
Verkennend, dass gerade diese Kräfte walten
Die man hatte als die Gegner klar in Sicht.
Wie geht das so immer weiter?
Frage ich erstaunt mich nun
Für den Ausgleich gibt es wenig Wegbereiter
Akzeptieren wir's als Scheitern
Oder müssen wir es anders tun?

22/04

Hier darf doch jeder

Hier darf doch jeder sagen
Hier darf doch jeder schreiben
Was er will
Frei ist unsere Presse, frei die Rede
Es wird nichts verboten
Zensur, die gibt es nicht.

Es genügt und reicht schon aus
Der Shitstorm in den Foren
Und den Medien
Die blinde Unterstellung von Kollegen
Den Faktencheck, den übernehmen
Gut bezahlte Agenturen.

Die Scheren in den Köpfen
Eingepflanzte Denkverbote
Muster der Moral
Scherenschnitte biederen Denkens
Vorurteile schnell gefasst
Es gilt nur Weiß und Schwarz.

Deine Meinung darf sich ändern
Deine Meinung wird was passt
Jeder hat dies' Recht
Worauf du deutlich pochst
Und biegst dir deine Meinung doch
Zeitgemäß zurecht.

Wer die Meinung nicht verändert
Sich dem Zug der Zeit verschließt
Den beäugt man skeptisch
Und er wirkt sogar verdächtig
Weil er nicht teilt, dem widerspricht
Was zu meinen ist.

Moraldurchdrungen wird gefragt
Ob man solchem Menschen
Noch vertrauen mag
Da er sich Regelhaftem widersetzt
Alte Freundschaft wird gekündigt
Neue Grenzen gelten jetzt.

Mancher Auftrag wird nicht mehr erteilt
Hochachtungsvoll wird er gekündigt
Und öffentlich entmündigt
Wer nicht im Mainstream schwimmen mag
Und dem selbstgewählten Schicksal
Mitleidlos entgegeneilt.

22/06

Gut getan

Da habt ihr gut getan, nach Berlin zu fahrn!
Der Protest ist wirklich angebracht
Wenn das so weiter geht, dann gute Nacht
Die Milliarden wären gut für einen andern Zweck.
Doch in diesem Bundestag sind sich fast alle einig
Das viele Geld verdienen die Armee und der Krieg alleinig
Da nehmen sie's den Kindern, Armen, allen die es bräuchten
schnell mal weg.

Wie haben wir gebeten und gebettelt
um Milliönchen für die Schulen
Dafür reichte immer knappes Geld nicht aus
Geht's darum waffenstrotzend um den besten Platz zu buhle
Geben diese Volkszertreter gerne etwas aus
Alle ziehen sie Kanonen hervor am selben Strang
Und drängen auf den Frieden in der Burg, dem eignen Land
Doch bin ich ja ein Retropazifist
Der nicht weiß, was heute „realistisch" ist
Für Kriegskredite wird erneut gestimmt
Die Friedensordnung auf den Krieg getrimmt.

So lässt man auch Assange
weiter hinter Gittern schmoren
Weil er sich der Wahrheit hat verschworen
Der ach so unopportun und überheblich war
Meinte müsste offenbaren, was ist, das sei auch wahr
Falsch gedacht, wie ihr nun deutlich seht
Die Welt wird so gerichtet, dass es nach der „Ordnung" geht

22/06

Zeichnerische Kommentare
von **Jürgen Fiege**
auf den Seiten 6, 13, 21, 34, 40, 48

Inhalt

Foto: Tom Giesemann

Siegbert Schwab

Geboren 1959 in Bretzfeld (bei Heilbronn), lebt und arbeitet als Berufsschullehrer in Neumünster (Schleswig-Holstein).

Studium: Geschichte, Politik, Soziologie, Druck- und Medientechnik in Heidelberg und Wuppertal.

Als ‚Der Sprücheklopfer' verfasst er lyrische Texte zu Alltagsfragen, allzu Menschlichem bis Ironisch-Skurilem sowie Politik und Gesellschaft.

In Lesungen und Veröffentlichungen intendiert Siegbert Schwab die Verbindung und Zusammenarbeit von Lyrik, bildnerischer Kunst und musikalischem Ausdruck.

Vorlieben gelten dem Jazz und dem Chanson, die er als Radiomacher und Podcaster mit seinem Hang zum Geschichte(n)erzählen und zur Lyrik verbindet.

Kontakt: Siegbert Schwab
D-24534 Neumünster
siegbert_schwab@web.de
online-medienmagazin | www.bin-so-frei.com

n Buchhandel erhältliche

yrik- und Bildbände

Siegbert Schwab
Schwer und leicht und ganz
entrückt - Gedichte und
lyrische Texte
Bilder: Barbara Jacobs
Neumünster (Deutschland),
2021
Herstellung und Verlag: BoD
ISBN 9783754374740

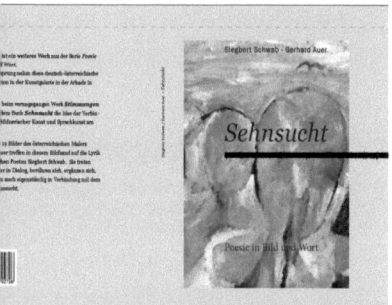

Gerhard Auer - Siegbert
Schwab: Sehnsucht
Poesie in Bild und Wort
Neumünster (Deutschland) /
Liezen(Österreich), 2022
Herstellung und Verlag: BoD
ISBN 9783755792796

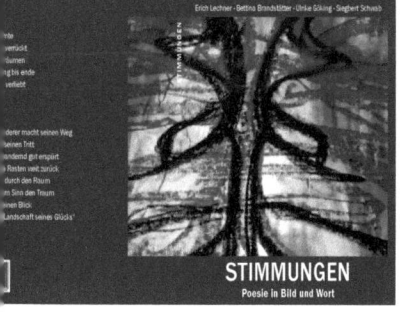

Stimmungen - Poesie in Bild
und Wort
Bilder: Bettina Brandstätter/
Erich Lechner
Texte: Ulrike Göking &
Siegbert Schwab
Herausgegeben und gestaltet
von Erich Lechner &
Siegbert Schwab , 2021.
Herstellung und Verlag: BoD
ISBN 9783754328422